Brigitta Blinkert · Kerstin Lange · Jana Seidel-Burger

Natürlich draußen

Mit den Jüngsten im Naturraum unterwegs

Nur eine einzige Stunde im grünen Wald

Nur eine Stunde von Menschen fern,
nur eine einzige Stunde!
Statt der tönenden Worte des Waldes Schweigen,
statt des wirbelnden Tanzes der Elfen Reigen,
statt der leuchtenden Kerzen den Abendstern,
nur eine Stunde von Menschen fern!

Nur eine Stunde im grünen Wald,
nur eine einzige Stunde!
Auf dem schwellenden Moos umhaucht von Düften,
gekühlt von den reinen balsamischen Lüften,
wo von Ferne leise das Echo schallt,
nur eine Stunde im grünen Wald!

Nur eine Stunde im grünen Wald,
nur eine einzige Stunde!
Wo die Halme und Blumen sich flüsternd neigen,
wo die Vögel sich wiegen auf schwankenden Zweigen,
wo die Quelle rauscht aus dem Felsenspalt,
nur eine Stunde im grünen Wald!

Auguste Kurs

Brigitta Blinkert · Kerstin Lange · Jana Seidel-Burger

Natürlich draußen

Mit den Jüngsten im Naturraum unterwegs

verlag das netz
Weimar

ISBN 978-3-86892-158-8

Lektorat: Jutta Gruber
Gestaltung: Jens Klennert, Tania Miguez
Fotos: alle Fotos von Jana Seidel-Burger, außer S. 53, 65, 99, 108, 110 links, 112, 116 von Brigitta Blinkert; S. 27, 37, 67, 106 von Kerstin Lange
Druck und Bindung: Druckhaus Gera
Printed in Germany

Weitere Informationen finden Sie unter: www.verlagdasnetz.de

Inhalt

Vorwort

Man kann einen seligen, seligsten Tag haben, ohne etwas anderes dazu zu gebrauchen als blauen Himmel und grüne Erde.

Jean Paul

Seit Jahren wächst – zu Recht – seitens der Einrichtungen und der Eltern das Interesse, auch mit Kindern unter drei Jahren Zeit im Wald zu verbringen. Zu Recht, weil Wald der am besten geeignete Naturraum auch für Kinder dieser Altersgruppe ist: ein reich gedeckter Tisch, an dem sie ihren Heißhunger nach motorischer Herausforderung und sensorischer Nahrung stillen können.

Seit den 1990er-Jahren beobachten wir das Aufblühen der Jüngsten im Wald, ihre Präsenz und ihren Forschergeist beim Entdecken der unendlichen Schätze – oder pädagogisch ausgedrückt: Materialien – dieser stets wohl vorbereiteten Umgebung.

In der Waldkindergarten-Landschaft hat sich in den vergangenen Jahren insgesamt viel getan. Insbesondere den Waldkindergärten und den Eltern-Kind-Waldtreffs verdanken wir den Impuls, auch mit den Jüngsten in den Wald zu gehen. Inzwischen gibt es vielerorts speziell für sie entwickelte Waldspielgruppen und jede Menge Erfahrungswissen.

Weil die Fähigkeiten der Jüngsten und ihre Lust am aktiven Tun in der Natur dennoch oft unterschätzt und die Gefahren überschätzt werden, haben wir unser Wissen praxisnah für all diejenigen zusammengetragen, die den Zauber des Draußenseins mit Kindern erleben und für deren Wohlergehen sorgen möchten.

Um unsere LeserInnen zu ermutigen, auch jüngste Kinder in den Wald zu begleiten, geben wir in »Natürlich draußen« pragmatische Antworten auf Fragen, wie sie uns immer wieder in unseren Fortbildungen gestellt werden: »Wie soll man denn bei Wind und Wetter eine Windel wechseln?« oder »Ist es für Kleinstkinder im Wald nicht viel zu gefährlich?«

Wir denken: Um das Forschen anderthalb- bis dreijähriger Kinder im Naturraum Wald zu erkennen und ihren Entwicklungsbedürfnissen gerecht zu werden, braucht es neben diesem Erfahrungswissen vor allem zweierlei: die eigene Begeisterung daran, in der Natur zu sein, und die Einsicht, dass Kinder – auch die Jüngsten – dann am besten lernen, wenn sie ihren Interessen folgen können. Dafür ist der Naturraum Wald perfekt – und der muss am Ende des Tages nicht einmal aufgeräumt werden!

Ein herzliches Dankeschön natürlich auch an die Kinder vom Waldkinder e.V., die dieses Buch mit ermöglicht haben.

Brigitta Blinkert, Kerstin Lange und Jana Seidel-Burger
Freiburg im März 2020

Dem Lernen der Jüngsten auf der Spur

Kinder sind – ebenso wie Dichter, Musiker und Naturwissenschaftler – eifrige Forscher und Gestalter. Sie besitzen die Kunst des Forschens und sind sehr empfänglich für den Genuss, den das Staunen bereitet. Unsere Aufgabe besteht darin, den Kindern bei ihrer Auseinandersetzung mit der Welt zu helfen, wobei all ihre Fähigkeiten, Ausdrucksweisen und Kräfte eingesetzt werden.

Loris Malaguzzi

Gretas Hosentaschen sind prall gefüllt mit Steinchen. Eins ums andere Mal hält sie inne, holt einige von ihnen heraus und lässt sie in den Ärmeln ihres T-Shirts verschwinden. Manchmal sammelt sie Steinchen, die den Weg aus dem Ärmel hinausgefunden haben und auf die Erde heruntergefallen sind, wieder auf, und noch viel öfter steckt sie neue Steinchen in ihre Hosentasche. Sie findet die Steinchen überall, denn wir sind im Wald und haben Zeit für das, was wirklich interessant ist.

Kilian und Tomte haben Baumrinde entdeckt und ein Spiel erfunden: Sie brechen kleine Stücke ab und stecken sie in ihre Gummistiefel. Bei jedem Schritt, den sie machen, lachen sie laut auf. Wahrscheinlich wegen des Gepiekses in ihren Stiefeln und vielleicht weil dies sie dazu einlädt, anders zu laufen als sonst. Sie kriegen sich kaum ein über ihren Wackelgang, ahmen gegenseitig ihre Bewegungen nach und erfinden – unter nicht enden wollendem Gekreische – neue Arten des Gehens. Die beiden haben Riesenspaß.

Gänzlich unbeeindruckt davon hocken Edda, Benno und Hamza zusammen und durchbohren mit dünnen Ästen große, vom letzten Herbst übrig gebliebene Laubblätter, die sie unter einem Gebüsch gefunden haben.

Wie funktioniert die Welt?

Wenn wir kindliches Spiel – insbesondere im Naturraum – beobachten, werden wir ein aufs andere Mal Zeugen scheinbar rätselhafter Verhaltensweisen, die sich unentwegt wiederholen und auf den ersten Blick keinen Sinn ergeben. Blicken wir genau hin, bemerken wir im Handeln der Kinder große Ernsthaftigkeit, Systematik und Ausdauer, ein fast hypnotisches Versinken in der Zeitlosigkeit unendlichen Fließens und Strömens, von der – hoffentlich – jeder Erwachsene im Umgang mit Kindern hin und wieder tief berührt ist. Wahrscheinlich rühren uns diese Momenten, weil sich in ihnen nicht nur unsere Herzen, sondern auch unsere Augen öffnen und wir im scheinbar absichtslosen und ziellosen Tun der Kinder Handlungsmuster – auch Schemata genannt – erkennen, die sie auf jede erdenkliche Weise ein- und ausüben.

Die sogenannte Schemata-Theorie wurde auf Grundlage der Forschungsarbeiten von Chris Athey und Tina Bruce am Fröbel-Institut in England entwickelt und im Early Excellence Center praktisch erprobt. Es zeigte sich, dass Kinder bereits im Krippenalter – um sich im Raum zu orientieren und Erfahrungen zu überprüfen –

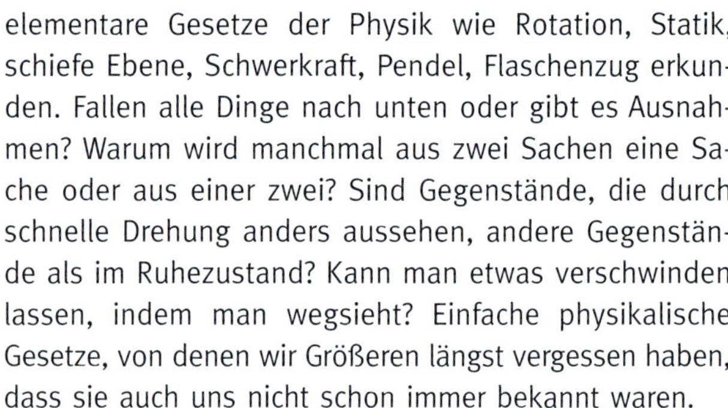

elementare Gesetze der Physik wie Rotation, Statik, schiefe Ebene, Schwerkraft, Pendel, Flaschenzug erkunden. Fallen alle Dinge nach unten oder gibt es Ausnahmen? Warum wird manchmal aus zwei Sachen eine Sache oder aus einer zwei? Sind Gegenstände, die durch schnelle Drehung anders aussehen, andere Gegenstände als im Ruhezustand? Kann man etwas verschwinden lassen, indem man wegsieht? Einfache physikalische Gesetze, von denen wir Größeren längst vergessen haben, dass sie auch uns nicht schon immer bekannt waren.

Warum draußen?

Frühkindliches Erkunden der Welt lässt sich selbstverständlich auch in der Krippe beobachten, doch im Naturraum ist vieles einfacher und freier. Nicht nur für die Kinder, sondern auch für uns BegleiterInnen. Zum Beispiel müssen wir uns keine Gedanken über Materialien machen. Die perfekte – motorische und sensorische Erfahrungen ermöglichende – Umgebung ist bereits vorhanden. Jedes Kind findet genau das, was es braucht, um seinem aktuellen Entwicklungsbedürfnis zu folgen. Und auch die Nachbereitung entfällt: Nichts muss aufgeräumt werden. Alle Materialien können bleiben, wie und wo sie am Ende der Waldzeit sind. Steine, die umhergetragen wurden, können an ihrem neuen Ort liegenbleiben. Stöcke, die umhertransportiert, gestapelt, umgeworfen und liegengelassen wurden, können für die nächste Gruppe zur Feuerstelle werden oder zu Zugschienen. Lehm und Matsch, die zu Kugeln gerollt, gestapelt, zerteilt und wieder platt gedrückt wurden, sind auch nach dem Spiel nichts anderes als Lehm und Matsch.

Was gibt es zu tun?

Unsere pädagogische Aufgabe besteht darin, Kinder zum Entdecken zu ermutigen. Das gilt im Wald ebenso wie in der Krippe. Die Antwort auf die Frage, was ich dazu beitragen kann, damit sich ein Kind auf Forschungsreise begibt, geht einher mit dem Beobachten des kindlichen Tuns. Auch das gelingt im Wald besser als in der Einrichtung. Kein Telefon reißt uns aus dem Erleben, keine KollegIn, die schnell irgendetwas von mir braucht oder ein Elternteil, das ein Gespräch sucht. Wir können uns sowohl leichter auf die Aktionen der Kinder einlassen als auch in der BeobachterInnen- und ForscherInnenrolle bleiben. Erkenntnis garantiert!

Vielleicht werden wir neue Seiten an den Kindern sehen: zurückhaltende Kinder, die draußen mutig werden, laute Kinder, die Zeit für Stille finden, oder Kinder, die sonst kaum miteinander spielen und im Wald zu WeggefährtInnen werden. Dafür müssen wir nicht viel tun. Wenn es uns gelingt, den Kindern Zeit und vor allem Raum zu lassen, entstehen kleine Wunder. Fast lehrbuchmäßig arbeiten sich die – ihrerseits unabgelenkten – Jüngsten an den Handlungsmustern bzw. Schemata ab oder kombinieren sie. Stets begleitet vom Erleben ihrer Selbstwirksamkeit, mit ästhetischem Vergnügen und entsprechend ihrer persönlichen Entwicklung.

Die Beobachtung der sich immer wiederholenden Handlungsmuster ermöglicht uns einen differenzierten Blick auf die Besonderheiten frühkindlicher Bildungsprozesse und schenkt uns überraschende Einblicke in das Verhalten und Denken der Kinder. Das daraus gewonnene Verständnis ist eine sichere Basis, um das eigenwillige Lerngenie und die Entwicklungsbedürfnisse auch von jüngsten Kindern bestmöglich zu begleiten und zu unterstützen.

PRO
www.probau.eu

Das ist mein Raum

Stühle und Tische zu Sperren oder mit Decken zu Höhlen umbauen. Tücher, um sich selbst oder die Bauklötze legen oder Tiere einzäunen. Diese wohlbekannten Spiele der Jüngsten sind auch vorsichtige Versuche, zwischen sich und der Welt eine Grenze zu ziehen. Sie beobachten wir selbstverständlich auch im Wald. Wenn Kinder Kletterseile um Baumstämme wickeln, sich zwischen Baumwurzeln niederlassen, aus Ästen Zäune bauen oder Schnecken mit Steinen umlegen, schaffen sie sich eigene Räume in Räumen: eine um- bzw. eingegrenzte und doch offene Welt. Umgrenzung bedeutet nicht nur Abgrenzung oder Ausgrenzung, sondern auch Schutz und Geborgenheit.

Das ist unser Raum

Ich begrenze mich

Ich begrenze dich

Welt entdecken

Nichts ist im Verstand, was nicht vorher in den Sinnen war.
John Locke

In der Natur begegnen uns Tiere, Menschen, Gerüche, Licht, Wärme, Kälte, Wind, Wasser, Käfer, Regenwürmer und vieles mehr. Der Lebensraum Wald ist im Unterschied zu einer vorbereiteten Umgebung im Innenraum nur begrenzt planbar. Die Natur lehrt, uns immer wieder auf das Neue einzulassen – eine fantastische Lektion, insbesondere auch für pädagogische Fachkräfte – und unsere Aufmerksamkeit für die »magischen Momente« im Wald zu schärfen und zu sensibilisieren. Wir können mit den Kindern im Wald kleine Wunder erleben. Und das in jeder Minute.

Magische Momente

Naturerfahrungen müssen nicht geplant werden. Sie geschehen von allein. Ein Käfer, der »Hallo« zu sagen scheint, ein Regenwurm, der sich in der Hand windet. Blätter, die im Wind rascheln, eine Pfütze auf dem Weg, in der sich der Himmel spiegelt. Tiere, die unseren Weg kreuzen. Der Wald im Wechsel der Jahreszeiten ist unsere stets perfekt vorbereitete Umgebung. Er zeigt sich uns mit vielen Gesichtern und wird immer vertrauter.

Herausforderungen, wie unebenes Gelände und hohes Gras zu überwinden oder einen Abhang auf dem Hintern (»Poporutsche«) herunterzurutschen, sind wichtige Erfahrungen. Motorisch und sensorisch und nicht zuletzt als »Ich habe es allein geschafft«-Erlebnis.

Für die Einschätzung, welches Gelände sich für die Jüngsten eignet, ist es hilfreich, wenn wir das Waldgebiet, in dem wir uns mit den Kindern aufhalten, gut kennen. Unser Gefühl von Sicherheit bildet den Hintergrund für eine intensive und sinnliche Erfahrung der Kinder. Der Augenblick zählt. Wir sind im »Hier und Jetzt«.

VAUDE

Ich sehe dich. Brauchst du mich?

Kerstin Lange:
Als ich vor 20 Jahren in einer Waldspielgruppe hospitierte, war ich skeptisch, ob das mit U3-Kindern überhaupt möglich ist. Als ich ankam, war da ein ganz einfacher Bauwagen. Davor brannte ein Feuer, ein großer Hund sprang herum, überall ragten Wurzeln aus dem Boden und als die Kinder ankamen, durchschossen mich tausend Fragen wie: »Oh Gott, gleich fallen die hin, stolpern über die Wurzeln, haben Angst vor dem Hund und dann auch noch das Feuer ...«

Es war ein kalter Regentag, sehr matschig und es gab eine Matschrutsche, die von einigen Kindern sofort erobert wurden. Von der Betreuerin hörte ich kein »Igitt!«, »Eklig!« oder »Weg da!«. Im Matsch rutschen war nicht nur erlaubt, sondern erwünscht. Das war neu für mich. Kein »Ach du Schreck!«, wenn eines der Kinder ausrutschte und in den Matsch fiel, und anstatt aufzuspringen, um ihm zu helfen, war ein Blick, der sagt: »Ich sehe dich« und fragt: »Brauchst du mich, oder geht es wieder?« Diese starke nonverbale Verbindung hat mich ebenso beeindruckt wie die Leichtigkeit, mit der sie praktiziert wurde.

Damals dachte ich: Wie würden wohl die Eltern das aufnehmen, wenn sie um die Wagnisse wüssten, die ihre Kinder hier glückselig bestehen, und was werden sie wohl über die verschlammten Anziehsachen sagen, wenn sie ihre Kinder wieder in Empfang nehmen? Heute sehe ich das ganz anders.

Jana Seidel-Burger:
Eine Waldgruppe habe ich zum ersten Mal aus der Ferne gesehen, als ich selbst noch gar nichts mit Kindergarten am Hut hatte. Damals dachte ich: Die laufen wie die »Großen« mit ihren kleinen Rucksäcken durch den Wald. Sie sind selbst so klein und machen einen auf »dicke Hose«, und es kam mir vor, als hörte ich ihre inneren Stimmen: »Gestern waren wir beim Förster, heute gehen wir zum Kohlemeiler und morgen zu den Waldarbeitern ...« Ich habe wahrgenommen, dass die Kleinen ernst genommen werden wie »Große«. Das hat mich sehr beeindruckt und neugierig auf diese »kleingroßen« WaldbewohnerInnen gemacht.

Einer Praktikantin ist aufgefallen, dass wir in der Waldgruppe mit den Kindern nicht mit einer »Piepsi«-Stimme sprechen, sondern ganz normal. Das ist spannend, oder?

Brigitta Blinkert:
Mich hat am meisten das »Ganz-da-Sein« der Kinder beeindruckt, ihre Unaufgeregtheit und starke Bindung zu den BetreuerInnen und zur Gruppe, ohne dass diese die Kinder beschäftigen oder sich ihnen aufdrängen. Damals, vor 21 Jahren, wurde mir klar, dass es von Seiten der BetreuerInnen eine ganz besondere Haltung braucht. Meine Tochter war gerade anderthalb Jahre alt und ich beschloss die Ausbildung zur Erzieherin zu machen, um im Wald zu arbeiten und mehr über diese Stimmung, das »Sich-mit-der-Natur-Verbinden« und dieses »Ganz-da-Sein« herauszufinden.

In meiner ersten Zeit im Wald gab es einen knapp dreijährigen Jungen. Er trug immer Gartenhandschuhe. Er wollte nichts anfassen, um nicht dreckig zu werden und nicht in direktem Kontakt mit dem sein, was ihn umgibt, sondern immer mit einer kleinen Distanz. Nach einem halben Jahr kam er morgens zu mir, legte mir die Handschuhe in die Hand und sagte: »Die brauch ich gerade nicht, kannst du drauf aufpassen?« Ab diesem Tag hat er die Berührung mit Matsch, Steinen, Holz und Tieren nicht mehr gescheut.

Gefahr oder Wagnis?

Natur stellt für Kinder einen maßgeschneiderten Entwicklungsraum dar. Eine Erfahrungswelt, die genau auf die Bedürfnisse von Weltentdeckern zugeschnitten ist. Hier können sie ihre Segel setzen. Hier bläst der Wind, den sie für ihr Gedeihen brauchen. In der Natur können sie wirksam sein. Hier können sie sich auf Augenhöhe selbst organisieren. Hier können sie an ihrem Fundament bauen. Zeit in der Natur ist Entwicklungszeit.

Herbert Renz-Polster

Um Kinder in der Natur zu begleiten, müssen wir zwischen Gefahr und Wagnis unterscheiden lernen. Wagnisse – z.B. einen rutschigen Hügel erklettern, über Baumwurzeln balancieren, über ein Hindernis springen, eine Böschung hinunterrutschen, über Stöcke klettern oder eine Schnecke über die Hand kriechen lassen – darf und muss ich als BetreuerIn erlauben. Die brauchen die Kinder, um zu wachsen, zu lernen und Selbstwirksamkeit zu erfahren. Die Jüngsten haben keine Erfahrungsangst, das bedeutet jedoch nicht, dass wir BetreuerInnen ständig neben ihnen stehen müssen.

Vor Gefahren – ein offenes Fenster, giftige Chemikalien oder Strömungen im Gewässer – müssen Kinder bewahrt werden. Die beste Strategie, Gefahren zu vermeiden, ist, sie zu kennen und auf sie vorbereitet zu sein. Einige, die uns im Wald begegnen können, haben wir unter den Stichworten ↗Gefahren und ↗Worauf wir auch achten im Anhang zusammengestellt.

Aber man sollte auch auf das eigene Bauchgefühl hören: Was traue ich mir zu? Wobei fühle ich mich unsicher? Kann ich es gut aushalten, wenn ein Kind auf einen Baum klettert, oder bekomme ich es mit der Angst zu tun? Um am Ende nicht auch das Kind zu verunsichern, besprechen wir uns im Vorfeld mit den KollegInnen und entscheiden – je nach persönlichen Neigungen und Abneigungen – wer am Kletterbaum stehen bleibt und wer mit den Kindern Schnecken oder Regenwürmer über die Hände kriechen lässt.

Kinder müssen spielen, toben, Wagnisse eingehen – und sich manchmal blaue Flecken holen. Nur so können sie sich psychisch und körperlich gesund entwickeln. Wir dürfen sie nicht in Watte packen.

deuter
Junior

Recht auf Schrammen

Das Erfahrungs- und Risikopotenzial eines Außengeländes ist in hohem Maße vom pädagogischen Konzept der jeweiligen Einrichtung abhängig. Risikopotenziale mit unterschiedlichen Anforderungen sollten aber in jeder Einrichtung vorhanden sein, um den verschiedenen Erfahrungen und motorischen Fähigkeiten der Kinder gerecht werden zu können.

Auszug aus der DGUV

Im Unterschied zu Gefahren – ihr gemeinsamer Nenner ist, dass ein Kind sie nicht erkennen oder angemessen beurteilen kann – loten Kinder im Spiel mit dem Wagnis ihre Grenzen aus. Schritt für Schritt wachsen sie über sich hinaus, besiegen kleine und große Ängste und entwickeln Vertrauen in die eigenen Fähigkeiten. Auf diesem Weg lernen sie, sich geschickt zu bewegen, sich nicht zu verletzen und Situationen einzuschätzen.

Die wahrscheinlich wichtigste Voraussetzung, damit Kleinkinder beim Spielen ganz nebenbei motorische, kognitive und soziale Fähigkeiten entwickeln, ist ein geeignetes Umfeld. Eine anregende Umgebung, die möglichst komplexe Wagnisse erlaubt. Komplex heißt: So wackelig, vielfältig und Sinne beanspruchend wie möglich, denn das erfordert Koordination, stimuliert das Gehirn auf vielfältige Weise und fördert die motorischen Kompetenzen. Es macht Sinn, dass Kinder Wagnisse im Spiel eingehen können. Es unterstützt sie, risikoreiche Situationen einschätzen zu lernen.

Die Erde trägt mich

Ringel, Ringel, Rose ... Ich drehe mich und drehe mich, die Welt verschwimmt vor meinen Augen, wenn ich stehenbleibe, bleibt auch die Welt stehen und im Kopf ist dann ein lustiges Gefühl. Die Erde trägt mich, ich falle nicht um. Nichts ruht. Alles ist in Bewegung. Alles schwingt.

Ich möchte auf den Baumstamm und darauf balancieren. Das ist nicht einfach. Ich schaffe es ohne Hilfe. Der Erdboden ist uneben. Manchmal stolpere ich. Dennoch kann ich das. Nichts kann mich umwerfen. Jede Ursache und jedes Phänomen hat eine Wirkung. Alles geschieht gesetzmäßig.

Ich drehe mich

Kullern erlaubt

Balancieren

Wetter. Kleider. Leute

Kleine Kinder kühlen eher aus als größere Kinder, da sie im Verhältnis zu ihrem Körpervolumen eine relativ große Körperoberfläche haben. Dicke Kleidung erschwert ihnen das Herumlaufen, vor allem beim Bücken. Ich empfehle deshalb (vor allem im Bein- und Pobereich) möglichst wenig auftragende Kleidung, da ja häufig noch die Windel dazukommt. Die Kleidung der Kinder muss einen schnellen, unkomplizierten Windelwechsel ermöglichen; d.h. keine einteiligen Anzüge, keine Skilatzhosen oder lange Knopfreihen. Praktisch sind Klettverschlüsse.

Ingrid Miklitz

In der Übergangszeit und im Winter empfiehlt sich das »Zwiebelprinzip«, d.h. das Tragen mehrerer Schichten übereinander. Nicht alle Eltern können sich eine Outdoor-Ausrüstung für ihre Jüngsten leisten und die braucht es auch nicht. Ein gut durchdachter »Zwiebellook« genügt:

- Erste Schicht: Body und langärmeliges Shirt, Leggins – am besten aus Schaf- oder Merinowolle – und warme Socken. Strumpfhosen sind weniger geeignet, weil sie nicht schnell gewechselt werden können, falls Wasser in die Schuhe kommt.
- Zweite Schicht: Warmer Pulli und eine Weste oder Strickjacke, die je nach Temperatur an- oder ausgezogen werden kann. Jogginghose oder eine weiche Cord- oder Stoffhose mit Gummizug. Keine Jeans, denn diese wärmen kaum, da sie oft zu eng sind und außerdem Feuchtigkeit speichern.
- Dritte Schicht: Bei Temperaturen über 15 Grad ungefütterte Matschhosen und Jacken. Bei Temperaturen unter 15 Grad gefütterte Matschhosen oder Schneehosen – kein Schneeanzug, da dieser beim Wickeln komplett ausgezogen werden müsste –, eine wärmende Fleecejacke und eine wasserabweisende Jacke. Bei eisigen Temperaturen zusätzlich Pulswärmer aus Wolle und Fäustlinge, die nicht am Saum der Jacke aufhören, sondern über die Jacke gezogen werden können.

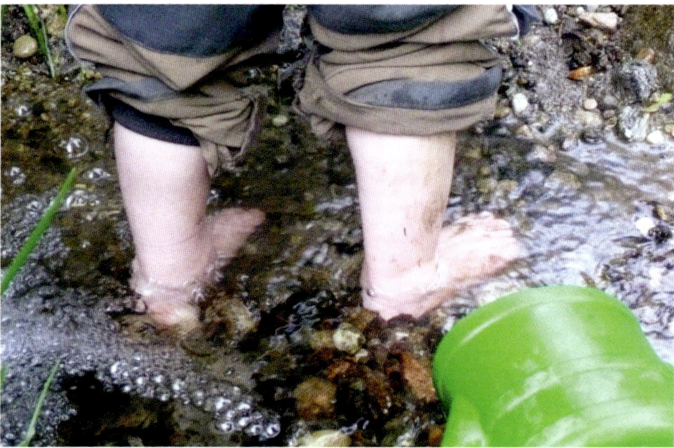

Wer friert, schwitzt oder nass geworden ist, dem vergeht die Freude, draußen zu sein. Deshalb müssen Schuhe nicht nur stabil, sondern auch wasserdicht sein und im Winter wärmen. Am besten eignen sich gefütterte Gummistiefel bzw. Thermogummistiefel oder wasserdichte Winterboots. Die halten uns sogar bei Minustemperaturen warm.

Im Frühjahr und Sommer ist darauf zu achten, dass unsere Haut besonders sensibel auf UV-Strahlung reagiert. Der Körper sollte deshalb auch bei warmer Witterung möglichst vollständig bedeckt sein. Sinnvolle Kleidung sind langärmlige T-Shirts aus Baumwolle und Baumwollleggins. Geschlossene Schuhe – z.B. einfache Turnschuhe – sind ein Muss, weil es sehr schmerzhaft sein kann, wenn kleine Stöckchen oder Steinchen zwischen die Zehen geraten. Auch bei höheren Temperaturen ziehen wir die Socken über die Leggins, damit keine Ameisen die Beine hinaufkrabbeln können. Alle unbedeckten Körperstellen – Gesicht, Nacken, Hände – cremen wir mit Lichtschutzfaktor 50 ein und schützen den Kopfbereich zusätzlich mit einem Sonnenhut, einem Kopftuch oder einer leichten Baumwollmütze. Schirmkappen sind ungeeignet, weil sie den Blickwinkel der Kinder verengen und den Blickkontakt erschweren.

Auch wir BetreuerInnen sollten wetterfest angezogen sein. Weil wir uns meist weniger bewegen als die Kinder, lohnt es sich, in angemessene Outdoorbekleidung zu investieren. Ebenso wie für die Kinder empfehlen sich feste Schuhe, Regenhose, Regenjacke und eine Kopfbedeckung. Thermogummistiefel gibt es auch für Erwachsene. Eine äußere Zwiebelschicht hält außerdem unsere Alltagskleidung sauber und wir müssen keinen Koffer mit Wechselkleidung in die Kita mitnehmen.

Den Waldtieren und den Kindern ist es egal, wie wir aussehen! Entscheidend ist, dass wir uns wohlfühlen, wenn wir mit den Jüngsten im langsamen Modus unterwegs sind.

Rituale

Rituale bieten Sicherheit und haben bereits für die Jüngsten einen hohen Wiedererkennungswert. Insbesondere wenn Kinder nicht täglich, sondern nur einmal in der Woche oder einmal im Monat ihre gewohnte Umgebung für einen Wald- oder Naturtag verlassen, sind wiederkehrende Rituale wichtig.

Was den Tagesablauf betrifft, sind wir in der Natur freier als in der Einrichtung. Kein Telefonklingeln, kein Tür- und Angelgespräch, kein »Ich muss mal schnell etwas vorbereiten« stören unser Tun. Das gibt uns und vor allem den Kindern viel Raum, Ruhe und Entschleunigung, um mit den bedeutungsoffenen Materialien, die wir überall im Wald finden, eigene Welten zu gestalten, ihren Entdeckergeist auszuleben und ihren Interessen nachzugehen. Dennoch sollte auch ein Tag im Wald immer einen ähnlichen Ablauf haben (↗ Team ins Boot holen, mit einem praktikablen Tagesablauf), denn das gibt den Kindern – und uns – Sicherheit.

Als Rituale eignen sich z.B.:

- Begrüßungskreis, mit einem Lied oder Spiel und vielleicht einer Handpuppe
- Blumen pflücken, um mit den Sträußchen dem Wald ein Geschenk zu machen
- Nüsse knacken
- Äpfel an die Kinder verteilen
- Eimer mit Lehmfarbe befüllen (↗Aktionstipp Matsch und Lehm)
- Wunderkerze anzünden
- Picknickdecke mit Bilderbüchern ausbreiten
- gemeinsames Frühstück mit Händewaschen und Essensspruch

Zum Abschluss

- Aussprechen eines gemeinsamen Dankeschöns an den Wald
- Singen eines Abschlussliedes
- ein kleines Spiel spielen
- Futter für Vögel oder Mäuse hinlegen

Ritzen, schnitzen

Text & Musik: Susanne Lotz

2. Strophe: Wir sind die Kinder groß und klein, wollen Gast im Walde sein. Jedes Waldkindergartenkind, weiß dass Tiere und Bäume hier zu Hause sind.

Refrain: Ritzen, schnitzen, auf der Wurzel sitzen. Erde an den Händen und im Haar. 1,2,3, Matschebrei, das, das ist wunderbar.

Stimmen aus der Praxis

Franziska, 26 Jahre, Erzieherin, München:
Unser Team benötigte etwa ein halbes Jahr, um anfängliche Herausforderungen, insbesondere was Regelmäßigkeit und Absprachen anging, zu überwinden und sich draußen mit unserer Marienkäfergruppe sicher zu fühlen. Unser kleiner Platz – unter und neben einigen Haselsträuchern im Park – ist uns jetzt vertraut. Die Kinder erkennen ihn schon von Weitem und dürfen das letzte Stück über die Wiese alleine hinrennen.

Auch die Absprachen mit den Kindern – z.B. dass wir nichts essen, was uns auf den Boden gefallen ist – festigen sich. Die Kinder wissen, dass wir immer da sind, falls sie uns brauchen, und nehmen sich ausgiebig Zeit für kleine Entdeckungstouren. Wir sind dann ganz aufmerksam dabei, mischen uns aber nicht ein. Ich bin froh, meine Leitung und mein Team für ein regelmäßiges Draußen-Angebot mit unseren Krippenkindern überzeugt zu haben.

Jenny, 30 Jahre, Erzieherin, Karlsruhe:
Wir gehen mittlerweile jeden Tag und vor allem bei jedem Wetter nach draußen. Einmal in der Woche gehen wir über die Wiese zu unserem kleinen Waldplatz. Hier haben die Kinder noch mehr Zeit, etwas auszuprobieren, als auf einem üblichen Spaziergang. Nach anfänglichem Widerstand seitens der Köchin und der Erzieherin, die bei uns für den Ablauf des Mittagsessens verantwortlich ist, wird unser Mittagessen am Waldtag bis 12.00 Uhr für uns warm gehalten. Das ist ein gewisser Mehraufwand für alle – aber wir finden, er lohnt sich. Die Eltern wissen Bescheid und holen ihre Kinder an diesem Tag ausnahmsweise erst um 14.30 Uhr, statt um 14.00 Uhr ab.

Andrea, 42 Jahre, Leitung Kinderkrippe, Mannheim:
Bei uns ist das eine total entspannte Atmosphäre. Eine Kollegin hat den Waldtag bei uns in der Krippe vor gut zwei Jahren eingeführt. Eine unserer Gruppen geht lieber in den Park. Wir nehmen mit unserer Gruppe den etwas längeren Weg mit den öffentlichen Verkehrsmitteln zu einem kleinen Waldstück in Kauf. Die Mühe lohnt sich, auch wenn wir manchmal nur eine Stunde im Wald sind. Wir genießen die Zeit dort mit unseren Waldmäusen.

Steffi, 24 Jahre und Katrin, 26 Jahre, beide Bachelor »Frühe Kindheit«, Freiburg:
Wir finden es manchmal eine ganz schöne Herausforderung, vor allem im Winter. Ganz ehrlich … da wägen wir schon hin und wieder – so gerne wir draußen sind – das Für und Wider ab, und manchmal entscheiden wir uns dafür, in der Krippe zu bleiben. Bei uns hatten die Eltern zu Beginn Bedenken wegen Zecken, Hunden, Müll, Giftpflanzen usw. … Mit einem Elternabend und vielen Fotos konnten wir sie davon überzeugen, wie

schön es ist, draußen unterwegs zu sein. Wegen der Essensabläufe müssen wir leider spätestens um 11.30 Uhr wieder in der Kita sein. Trotzdem sind wir davon überzeugt, dass es den Kindern einfach guttut. Und uns natürlich auch.

Alex, 35 Jahre, Erzieher, Stuttgart:
Ich habe als einziger Mann in der Krippe angefangen, nachdem ich in der Konzeption gelesen hatte, dass die Einrichtung einen Schwerpunkt auf Natur hat. Zu Beginn habe ich mir das Draußensein mit den Kleinen leichter vorgestellt. Mittlerweile habe ich mit einer Kollegin ein kleines Konzept für einen regelmäßigen Naturtag entwickelt. Mit diesem konnten wir das gesamte Team davon überzeugen, nicht weit vom Kindergarten ein kleines Stück Wiese zu pachten. Hier verbringen wir in manchen Wochen sogar jeden Vormittag. Wenn es nicht klappt, liegt das meist am fehlenden Personal und daran, dass gewisse Abläufe fest strukturiert sind und Zeitfenster nicht situativ und flexibel angepasst werden können.

Seht ihr mich?

Hier ist ein Durchgang in einer Hecke, ich gehe hindurch, drehe mich um. Ich sehe euch, seht ihr mich? Bin ich noch bei euch, wenn ich durchgegangen bin, oder bin ich ganz woanders? Es gibt mir Sicherheit, euch zu sehen, aber ich kann mich auch zurückziehen. Ist etwas noch das Gleiche, wenn ich es durch etwas durchgeschoben oder geworfen habe?

Hindurchgehen

Essen und trinken im Wald

Rolle, rolle, rolle, der Tisch ist so volle, mein Bauch ist so leer, der brummt wie ein Bär, der zwickt wie ein Hummer. Guten Hunger! (dabei mit den Händen vor dem Bauch rollen und bei »zwickt« mit den Händen ein Zwicken andeuten)

Frühstück im Winter

- ein Brot mit Käse, Frischkäse oder Wurst
- Trockenfrüchte (z.B. Aprikosen, Rosinen, Apfelringe)
- Birne/Apfel (allerdings nicht bei Minustemperaturen, weil frisches Obst dann zu kalt ist)
- Fruchtriegel ohne Verpackung
- Nüsse, Nussmischungen
- ausreichend warmer Tee oder warmes Wasser
  Tipp: Am besten hat jedes Kind eine eigene Trinkflasche dabei. Damit sie die Wärme gut hält, kann man sie in eine Wollsocke stecken.

Frühstück im Sommer

Im Sommer verzichten wir auf Lebensmittel, die Bienen, Wespen und Ameisen anlocken: süße Säfte und süßen Tee, Wurst, Joghurt, Früchteriegel und Obst. Stattdessen empfehlen wir:

- ausreichend ungesüßten Tee oder Wasser
- Rohkost (z.B. Karotten, Gurken, Kohlrabi)
- Brote mit Käse oder Frischkäse

Vermieden werden sollten

- verpackte Lebensmittel wie Joghurt oder Getränke im Tetra Pak, weil trotz aller Vorsicht Verpackungen – vor allem kleinere Teile – unbemerkt im Wald zurückbleiben könnten.
- Lebensmittel, die beim Essen auseinanderbröckeln, weil das, was aus unseren Händen oder aus der Brotdose auf den Boden fällt, nicht gegessen werden darf. Der Spruch »Dreck macht Speck«, den viele von uns noch von ihren Eltern hörten, hat heute – insbesondere im stadtnahen Naturraum – seine Gültigkeit verloren.

Brotdose und Trinkflasche sollten von den Kindern selbst geöffnet bzw. diese Fertigkeit von ihnen mit der Zeit gelernt werden können. Aus diesem Grund raten wir von Thermoskannen mit Trinkbechern ab. Diese sind für die Jüngsten oft nicht handhabbar.

Trockenobst, Kekse oder Nüsse können als zusätzlicher Proviant immer dabei sein. Manche Wegstrecke lässt sich damit versüßen.

Mahlzeiten

Eine gute Idee ist, die Mahlzeiten auf einer Picknickdecke einzunehmen, weil dann Heruntergefallenes nicht weggeworfen werden muss. Außerdem ist es gemütlich, nah beieinander zu sitzen.

Händewaschen im Wald

Damit sich alle vor dem Essen die Hände waschen können, bringen die Kinder von zu Hause einen frischen feuchten Waschlappen in einer kleinen Dose mit. Alternativ haben wir BetreuerInnen umweltverträgliche Lavaerde als Seifenersatz und eine 1,5 Literflasche mit Wasser dabei.

Passt das?

Nichts ist maßgeschneidert und doch passt vieles zusammen. Man sieht oft draußen: Stöcke werden zerbrochen und in morsches Holz, Matsch oder Pfützen gesteckt. In der Natur verbindet sich alles mit allem und trennt sich wieder. Man kann sich einer Sache zugehörig machen. Zum Beispiel können wir uns mit dem Bollerwagen verbinden und uns wieder von ihm trennen.

Passt alles rein?

Wie weit geht das?

Was geht ab?

Dazwischen sein

Ist was drin?

Bleibt das stecken?

Wickeln im Wald

Eine der häufigsten Bedenken – von pädagogischen Fachkräften als auch von Eltern – ist die Frage nach den Hygienebedingungen. Wie kann bei Wind und Wetter gewickeln werden? Werden die hygienischen Standards eingehalten? Wir können Sie beruhigen. Wickeln im Wald ist machbar. Dafür einige praxiserprobte Tipps:

Für das Wickeln im Wald benötigen wir

- Einweghandschuhe
- Desinfektionsgel für die Hände
- Mülltüten für die gebrauchten Windeln
- Ersatzwindeln
- Feuchttücher

Kinder ab 18 Monaten – insbesondere, wenn sie lediglich Pipi gemacht haben – kann man gut im Stehen wickeln. Kinder, denen das unangenehm ist oder die ein großes Geschäft gemacht haben, wickeln wir auf einer waschbaren Decke, die wir auf eine Isomatte oder Picknickdecke legen (↗ Wetter. Kleider. Leute).

In einem stark frequentierten Waldstück oder Park können wir Intimsphäre wahren, indem wir die Kinder in Strandmuscheln, wie wir sie vom Urlaub am Meer kennen, wickeln. Diese sind sehr praktisch, denn sie lassen sich schnell aufbauen und wieder klein zusammenfalten. Für Kinder, die bereits lernen, auf das Töpfchen zu gehen, können wir eines im Bollerwagen verstauen.

Die Elfenbuche

An einem heißen Sommertag vor gut 15 Jahren lief ich durch den Wald zu meinem Lieblingsbaum – einer dicken, mächtigen Buche. Ich setzte mich in ihren Schatten, und es dauerte nicht lange, da landete ein winzig kleines Tuch aus dem Baum auf meinem Hosenbein. Das Tuch war fein wie ein Spinnennetz und glitzerte, als wären unendlich viele, in der Sonne funkelnde Tautropfen in seinen zarten Stoff eingewebt.

Wo kam das wohl her? Hörte ich da im Baum jemanden vor sich hin fluchen? Tatsächlich, weit oben in einer Astgabel, entdeckte ich das schimpfende Wesen. Es war eine kleine Elfe mit rötlichem Haar. Verblüfft darüber, was gerade geschieht, blickten wir einander für einen kurzen, gefühlt aber ewigen Moment in die Augen. Dann wandelte sich der Blick der kleinen Elfe von verblüfft hin zu böse und sie begann wieder – und jetzt direkt an mich adressiert – zu schimpfen: Das winzige Tuch, das ich in meinen Händen hielt, sei ihres und ich müsse es ihr wiedergeben. Fast ein bisschen ängstlich und traurig erklärte sie mir, dass es ein Kopftuch ist, wie jede Elfe ihres Volkes eines trägt, um für die Menschen unsichtbar zu bleiben.

Ob sie meine erstaunten Gedanken lesen konnte? Jedenfalls erklärte sie mir, dass die Göttin ihres Volkes dieses Gebot verfügt hat, um die Menschen nicht zu beunruhigen und Ausnahmen nur ganz selten vorkommen dürfen.

Ich sagte der kleinen Elfe – wieder in Gedankensprache, die sie anscheinend perfekt verstand –, dass ich ihr

selbstverständlich ihr Tuch zurückgebe, und fragte sie, ob ich den Kindern, mit denen ich oft zur Buche komme, von unserer Begegnung erzählen darf.

Sie zögerte nicht einen Augenblick mit ihrer Antwort: Sie würde sich sehr darüber freuen – auch weil sie es schade findet, dass kaum noch Menschen an Elfen und all die anderen kleine Waldzauberwesen glauben – und versuchen, wenn ich mit den Kindern komme, da zu sein. Selbstverständlich mit Kopftuch. Zum Abschied reichte ich ihr das glitzernde Tuch und konnte gerade noch sehen, wie sie wieder unsichtbar wurde.

Seitdem komme ich immer wieder mit Waldgruppen zu der Buche und erzähle den Kindern von der kleinen Elfe. Gesehen haben wir sie bis jetzt nicht, aber ich bin sicher, dass sie da ist. Zumindest hin und wieder.

Drunter und drüber

Unten durch, oben drüber, drin sein

Oben auf dem Berge 1-2-3, da sitzen viele Zwerge 1-2-3, unten auf der Wiese 1-2-3, da schläft ein großer Riese 1-2-3, hallo ihr da oben, hallo ihr da unten.

Wenn ich oben bin, bin ich dann größer? Wenn etwas unten ist, ist es dann kleiner? Ich kann Dinge größer und kleiner machen. Es gibt oben und unten. Ich schaffe es bald, auf den Baum zu klettern. Ich kann da drüberklettern oder unten drunter durch, und ich kann mich verstecken. Oben wie unten, innen wie außen.

Ganz oben

Hoch- und runterklettern

Ich verstecke mich

Ich packe meinen Bollerwagen

Bollerwagen oder Rucksack?

Ob wir unsere Sachen in einem Bollerwagen oder einem Rucksack verstauen, entscheiden wir selbst. Beides hat Vor- und Nachteile.

Ein Bollerwagen schont den Rücken und es passt viel rein, auch schon mal ein müdes Kind. Auch wenn die Variante aus Holz uriger daherkommt als die aus Segeltuch: Sie ist auch die schwerste – was eine Tour auf schlechten Wegen zu einer Tortour machen kann – und als sperrigste nicht gerade gut für den Transport in öffentlichen Verkehrsmitteln geeignet. Die Variante aus Segeltuch hingegen ist leichter und – zumindest wenn der Wagen nicht sehr beladen ist – zusammenfaltbar.

In puncto Beweglichkeit und Gewicht können beide nicht mit einem Rucksack mithalten. Sein Nachteil ist, dass wir aufgrund des geringeren Fassungsvermögens weniger Material und Wechselsachen mitnehmen können. Wenn wir uns für einen Rucksack entscheiden, sollte dieser über gute Hüft- und Brustgurte verfügen und ein Fassungsvermögen von ca. 35 Litern haben. Bei weniger Volumen können wir nicht ausreichend viel mitnehmen, alles darüber ist zu schwer, um es eine längere Strecke zu tragen.

Wir haben oft beides, einen Rucksack und einen Bollerwagen dabei. Im Bollerwagen transportieren wir den Rucksack und einige Sachen mehr bis zum Waldplatz.

Unverzichtbar für die Zeit im Wald

- Wechselkleidung
- Wickeldecke
- Handtuch
- Picknickdecke
- Wasser zum Händewaschen (im Sommer in einer

1,5-Literflasche oder einem Kanister mit Hahn oder im Winter lauwarmes Wasser in einer Thermoskanne)

- Lavaerde als Seifenersatz
- Telefon mit Notfallnummern
- Erste-Hilfe-Set
- Mülltüten
- Wickelset
- Desinfektionsgel
- Sonnenschutzmittel Lichtschutzfaktor 50
- Strandmuschel

Weitere sinnvolle Materialien

- Mehrere Eimer – z.B. 1-l-Joghurteimer –, um Lehmfarbe anzurühren, Dinge zu sammeln und zu transportieren
- Straßenmalkreide
- Dicke Pinsel für die Lehmfarbe
- Seifenblasen
- 2 m lange Seilstücke
- Kartoffelschäler zum »Schnitzen«
- 2 bis 3 Körbchen, um Dinge zu sammeln
- Handpuppe
- Wäscheleine und Wäscheklammern, um kleine Archive für Fundstücke anlegen zu können
- Alte Pralinenschachteln o.ä., um Dinge zu sortieren und zu sammeln
- Pflanzenbestimmungsbuch
- Bilderbuch
- Ball

Ein Vormittag mit den Freiburger Waldkindern e.V.

Es ist nicht halb so wichtig, zu wissen, als vielmehr zu fühlen, wenn man ein kleines Kind mit der Natur vertraut macht.

Rachel Carson

Bei schönem Wetter kann man sich immer einen Vormittag im Wald vorstellen. Doch heute erwartet uns das etwas andere Abenteuer. Weil es gestern gestürmt und geregnet hat, werden wir wahrscheinlich jede Menge Pfützen und Matsch vorfinden und mit Sicherheit einige von den Bäumen heruntergewehte Äste und Stöcke.

Am Sammelplatz angelangt, hören wir schon von Weitem eure Stimmen. Nachdem ihr alle angekommen seid, legen wir unsere Fuchshandpuppe, ein schönes Buch und ein paar Waldfundsachen in die Mitte des Sitzkreises aus Holzpollern. Bevor wir eure Mamas und Papas verabschieden und in die Stille des Waldes eintauchen, singen wir gemeinsam – auch der Fuchs singt mit – ein Begrüßungslied.

Als wir eure Rucksäcke im Bollerwagen verstauen, entdecken einige von euch die von uns mitgebrachten Sachen und fangen an, mit den Pinseln die Umgebung zu bemalen. Andere interessieren sich für das Buch »Mama Muh baut ein Baumhaus«, haben Spaß daran, einen kleinen Abhang hinunterzurutschen oder hocken bei der kleinen Gruppe an der Lehmstelle unmittelbar neben dem Willkommenskreis. Mit euren Händen untersucht ihr die nasse Erde und fühlt die darin enthaltenen kleinen Steinchen. Ihr matscht und knetet und formt aus dem Lehm Matschkugeln, die wir in den Eimern zum Bollerwagen transportieren. Jede muss mit!

Beim Spielen mit der Erde entdeckt ihr auch einen Regenwurm. Wir nehmen ihn reihum auf die Hand und spüren, wie er sich kringelt. Das sieht nicht nur ulkig

aus, sondern fühlt sich auch lustig an. Wir lachen über den sich herumkringelnden Regenwurm und über uns selbst. Zurück auf dem Boden gräbt er sich in die von euch aufgelockerte Erde und wir wünschen ihm noch einen schönen Tag.

Nach einer kleinen Stärkung – heute haben wir Kekstiere aus dem Bioladen dabei – singen wir der kleinen

Maus an unserem dicken »Buchen-Mäusebaum« ein Lied. Wir legen ihr einige Kekskrümel vor den kleinen Eingang zu ihrer Höhle, zählen zusammen auf drei: »Weiter geht's!« und machen uns auf in Richtung Bauwagen.

Wie erwartet finden wir auf dem Weg Äste und Stöcke. Einige von ihnen versperren uns bzw. dem Bollerwagen den Weg. In kleine Waldarbeiter verwandelt, knotet ihr die von uns für diesen Zweck mitgebrachten Seile an ihnen fest und zieht sie mit vereinten Kräften zurück in den Wald. An der großen toten Eiche machen wir Halt und untersuchen die abgefallene Rinde. Auf deren Unterseite krabbeln kleine Käfer. Natürlich darf auch der ein oder andere von ihnen eine Runde auf unseren Händen spazieren gehen. Dann locken wir euch – vor allem weil Einige schon anfangen, sich ein bisschen die Augen zu reiben – mit schillernden Seifenblasen auf das letzte kurze Stück Weg, um es uns schließlich auf dem Waldsofa am Bauwagen für das gemeinsame Frühstück gemütlich zu machen. Neben unserem Spruch »Die Räuber schimpfen sehr, die Teller sind noch leer …« scheint euch das Teilen und Tauschen der Leckereien – mal wieder – am meisten Spaß zu machen.

Später sammeln wir Fichtenzapfen, Bucheckern, Moos, Steine und auch ein paar Schnecken in unseren Eimern und schauen einem Waldmistkäfer bei seiner schweren Arbeit zu. Aus verschieden dicken Ästen bauen wir ein Waldxylophon und spielen darauf mit Stöcken selbsterfundene Lieder, bis wir uns gegen Mittag allmählich auf den Rückweg machen.

Die Jüngsten und Müdesten von euch ziehen wir im Bollerwagen – vorbei am kleinen Waldtümpel, in dem der Molch wohnt – zurück zum Sammelplatz. Dort treffen wir eure Eltern, erzählen von unserem ereignisreichen Vormittag und singen zum Abschied ein Lied.

Alle da?

Einwickeln und Auspacken

Ich halte mir die Hände vor das Gesicht. Ich sehe die anderen nicht. Sehen sie mich? Ich luge durch die Finger: Alle sind da, alles ist wie zuvor. Ich freue mich. Wenn ich etwas einwickle, ist es trotzdem noch da?

Mit dem Herzen lernen

Joseph Cornell ist einer der Begründer der Naturpädagogik. In seiner in den 1970er-Jahren begonnen Arbeit mit Kindern, Jugendlichen und Erwachsenen prägte er Begriffe wie das Flow Learning oder das »Mit-dem-Herzen-Lernen«. Wie man Kinder am besten für die Natur begeistern kann, beschreibt er in seinen fünf Grundsätzen:

- Lehre weniger und teile mehr von deinen Gefühlen mit
- Sei aufnahmefähig
- Sorge gleich zu Anfang für Konzentration
- Erst schauen und erfahren – dann sprechen
- Das ganze Erlebnis soll von Freude erfüllt sein – sei es Fröhlichkeit oder ruhige Aufmerksamkeit

Aktionstipp Lupensafari

Handle jederzeit so, dass deine Weltreichweite größer wird!

Hartmut Rosa

Wir spannen ein zwei Meter langes Seil 20 cm über dem Boden und gehen mit den Kindern auf Lupensafari.

Dieses Spiel hat der Naturpädagoge Joseph Cornell entwickelt. Es schult unsere Wahrnehmung und lässt uns staunen, was wir aus dieser geringen Höhe alles entdecken können. Joseph Cornell nannte es einmal eines der überraschendsten Spiele, die er sich in all den Jahren ausgedacht hat. Dem können wir zustimmen! Es birgt tatsächlich eine große Überraschung. Dieser »Lupeneffekt«, wie wir ihn nennen, verändert nicht nur den Blick der Kinder, sondern auch den unseren auf die Kinder. Die Lupensafari lädt ein, genauer hinzuschauen, lenkt unseren Blick in eine umfassende Ordnung und unterstützt das Entschleunigen.

Aktionstipp Lupenglas

Heute geht es los, ich habe mein Lupenglas mitgenommen und suche kleine Tiere im Wald. Der Frühling ist schön. Die Sonne scheint. Ziemlich wackelig ist das mit dem Laufen am Waldweg – ich muss gut aufpassen. In meinem Rucksack ist alles dabei, was ich brauche. Wir bauen für die Tiere Häuser, Höhlen und Burgen aus Ästchen und Blättern. Besonders die Käfer mag ich und von ihnen ganz besonders die »Kikkis«. Sie glänzen blau und kribbeln auf meiner Hand. Um dem »Weg« des Käfers zu folgen, braucht es vor allem Begeisterung, Zeit und ein Gespür für Gegenwärtigkeit. Tauchen wir ein in seine Welt. Genießen wir diese andere Welt!

Für kurze Waldexkursionen benötigen wir nicht viel: ein Sammelbehältnis mit Deckel, ein Lupenglas oder eine einfache Frischkäseverpackung mit Klarsichtdeckel.

GANT

Aktionstipp Regenwurm

Regenwürmer können wir immer anlocken. Wenn wir hüpfen oder trampeln, denken die Regenwürmer, es regnet. Um nicht in ihren Erdbauten zu ertrinken, kriechen sie heraus und wir brauchen sie nur noch aufzusammeln.

Aktionstipp Schnecken

Vieles wird spannender, wenn es regnet. Dann sind besonders viele Schnecken unterwegs. Die mit den Häuschen können wir vorsichtig in unsere Eimer setzen und ihnen eine Burg bauen. Die größten lassen wir zu einem Wettrennen antreten. Ob sie mitspielen?

Aktionstipp Insekten

Wir müssen keine Bären finden, viel besser, gehen wir auf Käferjagd. Kleinstkinder erforschen gern, was da im Verborgenen wimmelt, krabbelt, sich schlängelt, Spuren hinterlässt und Höhlen baut. Sie lieben Käfer, Schnecken, Ameisen, Regenwürmer – eigentlich jedes kleine Getier.

Es ist nicht nötig, dass wir die Gattung oder die exakte biologische Beschreibung aller Lebewesen, die uns begegnen, kennen. Vielmehr geht es darum, sich auf die Freude und Begeisterung der Kinder einzulassen, sich anstecken zu lassen von ihrer Unvoreingenommenheit gegenüber Unbekanntem. Junge Kinder gehen zumeist unbekümmert mit Tieren um. Lassen wir uns von ihnen leiten, unseren vielleicht vorhandenen Ekel oder die Befremdung vor ihnen zu überwinden.

Das ist meine Spur

Kinder hinterlassen Spuren. Erwachsene hinterlassen Spuren – auch bei Kindern.

Louis Voellmy

Es regnet, ein Rinnsal entsteht. Ich laufe ihm hinterher. Ich nehme ein Stöckchen, ziehe es durch den Boden. Linien entstehen. Abdrücke der Wirklichkeit. Die habe ich gemacht. Auch die Stapel mit den Stöcken sind von mir. Die mit den Kugeln aus Lehm auch. Ich lasse sie fallen. Sie rollen sogar den Abhang hinunter. Eine Schnecke kriecht über den Boden, auch sie macht Linien. Ihre glitzern im Licht.

Linien ziehen

Stapeln

Was wirklich zählt

Damit der Waldtag oder die Waldwoche eine gelungene Abwechslung zum Krippenalltag wird, braucht es zuerst unsere eigene Begeisterung. Ob wir uns als ein Waldschrat, eine Waldfee, eine WaldläuferIn oder eine BäumeumarmerIn verstehen: Wir müssen für die Idee, Zeit in der Natur zu verbringen, »brennen«.

... meine Haltung

Zweitens sollten wir uns von der Vorstellung, Beschäftigungen anzubieten, lösen. Zurückhaltung und freischwebende Aufmerksamkeit sind mit das Wichtigste, um die Zeit draußen als gelungene Ergänzung zum Krippenalltag zu gestalten. Deshalb verstehen wir uns weniger als Erziehende, sondern mehr als »ErmöglicherInnen«.

Wir kennen den Platz in der Natur und den Weg dorthin. Wir sichern ihn. Wir sind die OrganisatorInnen dafür, dass die Jüngsten dort, in der Natur, im Wald, ihrem ForscherInnengeist ungetrübt folgen können. Schätze, die wir im Wald finden, nehmen wir mit in die Kita. So bereichert die Zeit draußen auch unsere Innenräume und findet ihre Fortsetzung in der Kita.

Wir sorgen dafür, dass die Kinder nicht in bedrohliche Situationen geraten, erlauben ihnen jedoch Wagnisse, durch die sie lernen, ihre Kräfte einzuschätzen. Indem wir innehalten, einen Schritt zurückgehen, entschleunigen und nicht »kopflos« uns durch die Natur bewegen, verändert sich nicht nur die Wahrnehmung der Kinder, sondern auch die eigene.

... meine Wahrnehmung

Unsere Sicht auf unser Umfeld verändert sich wie beim Blick durch ein Lupenglas. Die Dinge vergrößern sich, werden deutlicher und schärfer und dort, wo es vorher für uns nur »grün« war, entdecken wir jetzt Schmetterlingsraupen, die sich ein Brennnesselblatt für ihre Mahlzeit teilen.

Die Plätze im Wald, die wir mit den Kindern erobern und beleben, verändern sich. Wir legen Baumwurzeln frei und bedecken sie wieder mit Erde. Räume entstehen. Ein Baum wird zum Garderobenbaum. Wir untersuchen Erdhöhlen nach Tierspuren, finden Knochen. In Steinen erkennen wir Edelsteine. Unsere Fantasie ist grenzenlos.

Mehr Erfahren

Nach ein paar Wochen oder Monaten im Wald öffnen sich langsam die Augen der Kinder, beginnen ihre Sinne, Kleinigkeiten wahrzunehmen, an denen sie sonst vorüberblicken. (...) Was sich dort ändert, ist nicht die Lerngeschwindigkeit der Kinder. Nicht einmal deren Infektanfälligkeit (...). Es ist die Wahrnehmungsfähigkeit der Kleinen, die sich wandelt. Als würden ihre Augen einen größeren Gesichtskreis erblicken, als würden die Ohren mehr hören, erfassen die Kleinen im Schnitt erheblich mehr Details der Landschaft als ihre Altersgenossen, die tagaus, tagein auf den Kletterinstallationen am Kollwitzplatz turnen. (...) Der Effekt ist nicht größere Klugheit, sondern intensivere Existenz.

Andreas Weber

Das wünsch' ich mir von dir

Die verschiedenen Plätze im Wald sehen immer wieder anders aus, und Kälte, Nässe und Witterung können manchmal ganz schön anstrengend sein. Ich achte auf mich und nehme meine Grenzen wahr. Du sorgst für eine Umgebung, in der ich mich sicher und geborgen fühle, und eine Atmosphäre, in der ich mich wohlfühle.

Ich brauche Beziehung um zu wachsen, der Wald zeigt mir viel Unbekanntes. Es ist gut, dass du mich begleitest.

Die Natur weckt meine Neugierde. Wenn du mich und meine Umgebung wahrnimmst, dann weißt du, was mich neugierig macht. Wie jede Pflanze bin auch ich einzigartig. Erkenne und fördere mich.

Du bist mein Vorbild, ich schaue dir zu, wie du dich in der Natur verhältst. Meine Entwicklung braucht Zeit, in der Natur wird die Zeit entschleunigt. Bitte bewahre meine Zeit, indem du darauf achtest, dass wir keine Hektik in den Wald mitbringen.

Übe dich im Abwarten und lass mich meine eigenen Erfahrungen machen. Wie das Gras wachse auch ich nicht schneller, wenn man an mir zieht. Wenn du für uns in den Hintergrund trittst, machen wir auch wertvolle Erfahrungen. Bitte ermögliche »unbeobachtete« Spielzonen für mich alleine oder mit meinen FreundInnen.

Für mein Selbstbewusstsein brauche ich Wertschätzung. Mein Spielen in der Natur gibt dir bestimmt viele Gelegenheiten dafür. Achte und nutze die Natur als wertvolle Kollegin, denn dann ist das Team komplett.

Das Team ins Boot holen

Einen Wald- oder Naturtag können wir nicht im Alleingang durchführen. Wir brauchen das Einverständnis und die Unterstützung der Leitung und die Kooperation des Teams. Wir besprechen im Vorfeld, welches Zeitfenster – hinsichtlich Mittagessenszeit und Mittagsruhe – für die Draußen-Zeit zur Verfügung steht und wie viel Personal mitkommen kann. Sinnvoll sind – für eine Gruppe von maximal zehn Kindern – zwei ErzieherInnen und eine PraktikantIn.

Um Leitung und Team von der Einführung eines regelmäßigen Wald- oder Naturtages zu begeistern, sollten wir einen geeigneten Naturraum im Auge haben, der mit Bollerwagen oder mit öffentlichen Verkehrsmitteln nicht weiter als eine halbe Stunde von der Einrichtung entfernt ist, und ihnen einen praktikablen Tagesablauf vorstellen, z.B.

- 8.45 Uhr Losgehen
- 9.15 Uhr Ankunft am Naturplatz, ein Willkommenslied und gemeinsames Frühstück
- 10.00 Uhr Freispiel
- 11.15 Uhr Zusammenpacken, Abschlusslied, Rückweg
- 11.45 Uhr Ankunft, Wickeln, Hände waschen
- 12.00 Uhr Mittagessen

Die Eltern einbinden

Eltern können nicht immer unmittelbar nachvollziehen, warum wir mit ihren Kindern regelmäßig Zeit in der Natur bzw. im Wald verbringen möchten. Deshalb sollten wir für sie eine übersichtliche Handreichung mit handfesten Informationen erstellen, z.B.

- ein Foto vom Naturplatz, den wir für die Ausflüge mit den Kindern ausgewählt haben
- Beschreibung des Tagesablaufes
- Empfehlungen für Kleidung und Frühstück
- Bitte an die Eltern, uns über bekannte Allergien ihrer Kinder zu informieren und welche Medikamente deshalb mitgeführt werden sollten

- Kurze Erklärung, warum Aufenthalte im Naturraum für eine gesunde Entwicklung von Krippenkindern wertvoll sind und warum wir im Wald ausschließlich für Anrufe der Leitung erreichbar sein werden

Zusätzlich können wir einen Elternnachmittag oder Elternabend an unserem zukünftigen Natur- bzw. Waldplatz anbieten. Eltern nehmen dieses Angebot sehr gerne an. Manche fragen sogar von sich aus, ob sie auch einmal bei unseren Ausflügen mit den Kindern hospitieren dürfen, was wir selbstverständlich unterstützen. Bei Eingewöhnungen laden wir die Eltern von uns aus dazu ein. Für die laufende Transparenz kann es zudem eine gute Idee sein, z.B. einen digitalen Bilderrahmen mit Fotos des jeweils zurückliegenden Ausfluges in die Garderobe zu stellen.

Während der Treffen sollten wir sachlich auf die von den Eltern nachgefragten Sorgenpunkte eingehen und die Gelegenheit nutzen, um mit ihnen über Vorteile von geeigneter Kleidung und guten Schuhen für ihre Kinder zu sprechen. Weil sich das nicht alle Eltern leisten können, sollte die Einrichtung diese auf Wunsch stellen können.

Erkundigungen und Beweggründe

Bevor wir an unser Team oder die Eltern herantreten, sollten wir Erkundigungen zu gewissen Eckdaten einholen und auch uns selbst einige Fragen stellen. Je transparenter und professioneller wir die Eckdaten und unsere Beweggründe vermitteln, umso leichter wird es dem Team und den Eltern fallen, uns zu unterstützen.

Erkundigungen

- Kontaktaufnahme mit dem Forstamt, das für den von uns ausgewählten Natur- oder Waldplatz zuständig ist
- Begehung des Natur- oder Waldplatzes mit MitarbeiterInnen des Forstamtes, um Absprachen bezüglich der Pflege und der Sicherheit zu treffen
- Das Vorhandensein und Reichweite einer Unfallversicherung abklären
- Welche Anschaffungen sind von der Einrichtung/den Eltern notwendig?
- Wie dokumentieren wir die Zeit im Wald?
- Welche Informationen brauchen die Eltern von uns?

Beweggründe

- Warum wollen wir einen regelmäßigen Tag im Wald oder in der Natur anbieten?
- Welche Ziele verfolgen wir?
- Welche gemeinsamen Ziele haben wir?
- Worüber würde ich mir als Elternteil Gedanken oder Sorgen machen?
- Wann habe ich mich als Kind frei gefühlt?
- Was bedeutet Wald für mich?
- Was ist die spannendste Erfahrung in der Natur, an die ich mich erinnern kann?

Ich bin stark!

als ich ein kind war
war ich ein eichhorn ein blauhäher ein fuchs
und sprach mit ihnen in ihrer zunge
erklomm ihre bäume grub ihre höhlen
und kannte den geschmack
von jedem gras und stein
und die bedeutung der sonne
die botschaft der nacht

Norman H. Russell

Meine Erzieherin denkt, ich bin ein Holztransporter, der Feuerholz sammelt. Das geht klar für mich. Eigentlich trage ich aber einfach nur schwere Äste umher. Schau, wie weit ich die tragen kann. Ich trage sie immer wieder hin und her.

In meinem Eimer habe ich Eicheln und Steine gesammelt, ich bringe sie zum Rastplatz und schütte sie aus, ein anderes Kind füllt sie in seinen Eimer. Das macht mir nichts aus. Ich hole jetzt andere Dinge.

Sammeln und Sortieren

Ich transportiere, bewege was

Aktionstipp Feenstaub

An einem trockenen, sonnigen Vormittag haben wir etwas Neues vor. Der Bollerwagen, mit dem wir Richtung Waldplatz unterwegs sind, ist bepackt mit einem Haltebrett für Kokosschalen, Quarzsand, Erdpigmenten, Tüllen, Rechen und Zeichenkohle. Am Bauwagen angekommen, frühstücken wir zuerst ausgiebig. Währenddessen bereitet eine BetreuerIn die Kokosschalen mit unterschiedlich gefärbtem Sand vor: auf zwei Handvoll Sand kommt ein Esslöffel Pigment.

Den gefärbten Quarzsand füllen wir in die Tüllen. Es ist nicht einfach, den feinen Sand mit dem Finger zu stoppen – er rinnt immer durch, und das kitzelt. Jetzt klappt das mit dem Finger. Wir verteilen den bunten Sand auf dem Boden, es entstehen Spuren. Mit einem Stock lassen sie sich verändern. Die Kinder vermischen den Sand, schütten ihn aus, transportieren ihn umher, lassen ihn über die Hände rieseln ... Wir genießen mit ihnen ihre Freude. Natürlich könnten wir Impulse geben, mit Rechen, Stöcken, Handabdrücken zu arbeiten – die Kinder kommen jedoch selbst dauf. Jetzt werden Pigmente gemischt und mit dem Sand verrührt. Unser Rastplatz wird ganz bunt, und das Spiel geht weiter. Diese Aktion ist nicht »zielgerichtet«, die Kinder sind aber mit großer Begeisterung dabei. Die »Farbbescherung« ist nach ein bis zwei Regengüssen wieder weggewaschen.

Material

- Erdpigmente (Bezugsadresse für umweltverträgliche Erdpigmente ↗Netztipps im Anhang)
- Quarz- oder Vogelsand
- 3 bis 5 Kokosschalen oder andere stabile Behältnisse
- Ein Brett mit Löchern, in denen die Kokosschalen eine gute Standfestigkeit haben
- Backtüllen, für jede Farbe eine, oder selbst gemachte Tüllen (3 mm dicke Folie DIN A4, aufrollen und mit Klebeband verkleben)

Waldgefühle

An die Stelle eigenständiger, ungeplanter, direkter und authentischer Formen der Wirklichkeitserfahrung tritt in zunehmendem Maße eine von Experten beaufsichtigte, artifizielle, indirekte und medial vermittelte Form der Umwelterfahrung. Kinder leben immer mehr in Secondhand-Wirklichkeiten.

Baldo Blinkert

- Im Wald sind wir »verzaubert«, näher an uns selbst
- Der Wald: Ein Tor zu einer magischen Welt
- Wald als Kapelle, Kirche, Ort, an dem man Frieden finden kann, als lebendige Zauberwelt
- Im Wald kann man in eine andere Welt abtauchen
- Der Wald macht die Seele leichter und befriedigt
- Er ist ein Ort der Sehnsucht und Kontemplation
- Die eigene Wahrnehmung verändert sich
- Der Wald bietet Rückzug
- Die Waldseele
- Er löst Demut aus
- Wald ist eine uralte Beziehungswelt
- Die Stärke und Lebenskraft eines Baumes berührt uns
- Der Wald lässt uns staunen
- Es gibt im Wald viele Phänomene
- Es ist ein Grundbedürfnis, im Wald zu leben
- Der Wald ist bescheiden
- Er löst tiefe Glücksgefühle aus
- Er stärkt unsere Gefühle gegenüber Leben und Tod
- Wir werden plötzlich zum Eichhörnchen, Dachs, Fuchs
- Wir spüren, dass wir ursprünglich aus dem Wald kommen, es zieht uns immer wieder dorthin zurück, und wenn wir rauskommen, sind wir ein bisschen »größer« geworden
- Im Wald gibt es etwas, was größer ist als wir, wir sehen es nicht, aber es hält uns, es umarmt uns
- Der Wald tröstet und befreit
- Er ist ein Freund
- Er nimmt uns in sein Ökosystem auf
- Wir erfahren ihn mit Kopf, Händen und Herzen
- Die Sinneserfahrungen geben das Gefühl, mit der Natur verbunden zu sein
- Im Wald verändert sich die Wahrnehmung
- Der Wald als Organismus, als soziales Wesen
- Der Mensch wird ruhiger, ausgeglichener, aufmerksamer, er atmet tief ein, fühlt sich mit allem verbunden
- Der Wald als »Gegenwelt« zum Alltag
- Als Kind war ich gern im Wald, auch alleine
- Ich hätte gern im Wald gewohnt
- Wir haben hier Baumhäuser gebaut
- Der Wald ist aufregend
- Im Wald kann man auf Streifzug gehen und Sachen sammeln
- Eine Welt voller Geheimnisse
- Wohnen im Wald Wölfe und Räuber in Höhlen?

Das habe ich gemacht

Im Herbst liegen überall Blätter auf der Erde. Ich baue einen Blätterhaufen, der ist ganz weich. Ich kann die Blätter auch wieder verteilen. Wenn ich einem Kind einen Stein abgebe, freut es sich. Auf einem Baumstamm verteile ich Lehm, der wird dann ganz braun. Hier ist ganz viel Moos, das ist auch weich und riecht so gut. Ich sammle es in meinen Eimer. Die anderen kommen dazu. Wir verteilen das Moos auf dem Baumstumpf. Immer mehr und mehr, bis der Baum ganz grün ist. Das habe ich gemacht, zusammen mit den anderen.

Herbst

Aktionstipp Matsch und Lehm

Matschen ist für Kinder eine ganz großes Ding. Oft ist Wasser das erste, um das sie bitten. Sie brauchen es, damit das Spiel in der Matschkuhle weitergeht. Die Matschstelle ist wie ein Sandkasten, nur viel interessanter. Kinder beschäftigen sich – besonders, wenn sie noch nicht lange in der Waldgruppe sind – manchmal wochenlang mit nichts anderem.

Lehm ist eine Erde, mit der es sich besonders gut matschen, formen und gestalten lässt. Wenn Lehm trocken ist, ist er hart wie Stein, aber nach dem Regen, oder wenn wir Wasser hinzufügen, wird er zu einer geschmeidigen, knetbaren, weichen Masse. »Lehm ist einer der ältesten Werkstoffe der Menschheit. Der in ihm enthaltene Ton wirkt wie ein Bindemittel und verleiht die nötige Klebekraft« (Lange/Stadelmann 2007, S. 49). Geben wir viel Wasser hinzu, löst sich der Lehm darin auf, und wir bekommen eine tolle Farbe, mit der wir, ausgestattet mit Joghurteimern und dicken Pinseln, Baumstümpfe, Hölzer und Blätter anmalen.

Ich blicke durch

Wer die Welt nicht von Kind auf gewohnt wäre, müsste über ihr den Verstand verlieren. Das Wunder eines einzigen Baumes würde genügen, ihn zu vernichten.

Christian Morgenstern

Draußen gibt es so viele interssante Dinge. In einer kleinen Form sammle ich Steinchen. Manche sind dunkel, andere hell. Ich kann davon viele finden und sie an einen Ort legen. Alles hat eine Ordnung. Ich verschaffe mir den Überblick. Ich blicke durch.

Ich verschaffe mir den Überblick

Ich blicke durch

Aktionstipp Am Puls des Baums

Am 2. Februar feiern die Christen Mariä Lichtmess – das Ende der Weihnachtszeit und die wieder länger werdenden Tage. Nach einer alten Wetterweisheit entscheidet es sich an diesem Tag, ob der Winter bleibt oder ein zeitiges Frühjahr vor der Tür steht: »Wenn's an Lichtmess stürmt und schneit, ist der Frühling nicht mehr weit; ist es aber klar und hell, kommt der Lenz wohl nicht so schnell.«

Wenn wir in dieser Zeit draußen unterwegs sind, können wir versuchen, das den Bäumen abzulauschen. Dann nämlich beginnen die Bäume, ihre Wasserleitbahnen zu aktivieren. Mit einem Stethoskop können wir hören, ob als ein Zeichen für den beginnenden Frühling bereits Wasser in den Bäumen aufsteigt. Am besten geht das an Weiden, Buchen und Birken, weil deren Rinde besonders dünn ist und die Wasserleitbahnen dicht an der Oberfläche liegen.

Aktionstipp Löwenzahn von Kopf bis Fuß

Die Hexen sagen, wer sich von Kopf bis Fuß mit Löwenzahn einreibt, ist überall gern gesehen und bekommt jeden Wunsch erfüllt.

Elisabeth Brooke

Der Löwenzahn ist eine sehr dankbare und nicht geschützte Pflanze, die auf Wiesen und Weiden in großen Mengen vorkommt. Obwohl er doch sehr bekannt ist, hält der Löwenzahn immer noch Überraschungen bereit. Zum Beispiel werden wir niemals zwei genau gleiche Löwenzahnblätter finden. Aus den Stängeln und Blüten des Löwenzahns lassen sich schöne Kränze und Ketten flechten und aus den gezupften Blütenblättern werden zauberhafte Blütentattoos. Dafür verreiben wir zuerst etwas Creme – z.B. mit einem einfachen Fettstift für die Lippen – auf dem Handrücken und drücken dann einzelne Blütenblätter der Löwenzahnblüte darauf. Oder wir reiben unsere Hände und Gesichter mit den gelben Blüten ein. Wem das vielleicht doch nicht mehr gefällt: Mit Wasser und Seife – oder etwas Zitronensaft – können wir die Farbe wieder abreiben. Oder wir vertrauen dem Faktor Zeit: Innerhalb von zwei bis drei Tagen verschwindet die Wiesenschminke von selbst.

Aktionstipp Holunderperlen

Im Wonnemonat Mai ist es manchmal ziemlich kalt, und, wenn die Sonne hinter den Wolken hervorschaut, richtig warm. Alles steht in frischem Grün. Wir streifen durch den Wald oder über die Wiese, begegnen Schmetterlingen, Bienen und Ameisen und schnuppern an Blumen. Der Frühling verzaubert unsere Sinne.

Es ist die beste Saison für Ketten aus Holunderperlen. Um diese zu fertigen, entfernen wir die Rinde vom Grünholz des Holunders, der erst im Frühsommer blüht. Das geht mit einem Sparschäler ganz einfach und gelingt jungen Kindern bereits recht gut. Auch das Schneiden der Stäbe in kurze Stücke und das Aushöhlen gelingt. Die Perlen werden auf eine Bastschnur gefädelt, und schon hat jedes Kind eine tolle Kette.

Aktionstipp Fingerspiele Herbst

Kastanien

Fünf Kastanien wachsen am Baum,
(mit den Fingern der linken Hand wackeln)
Dick und groß und rund und braun.
(mit dem Zeigefinger der rechten Hand an jede Fingerspitze tippen)
Der Wind beginnt zu toben.
(gegen die Finger pusten)
Die Kastanien fallen zu Boden.
(Finger »fallen« lassen)
Die Erde deckt sie zu.
(mit der rechten Hand die linke bedecken)
Doch wächst daraus im Nu
(ein Finger der linken Hand schiebt sich durch die der rechten)
ein neuer Baum geschwind.
(Arm heben)
Da freut sich jedes Kind.
(jubeln und klatschen)

Apfelbaum
Das ist ein Baum, mit dickem Stamm.
(den linken Arm heben, Hand auf Gesichtshöhe)
Am Baum, da wachsen Äste
(die Finger der linken Hand spreizen)
und an dem Ast, das ist das Beste,
(mit den Fingern wackeln)
da hängen dicke Äpfel dran.
(rechter Zeigefinger tippt auf die Fingerspitzen der linken Hand)
Und jetzt im Herbst, da bläst der Wind,
(fest pusten und den Arm schütteln)
da kommen die Kinder gesaust geschwind.
(mit den Fingern der rechten Hand Krabbelbewegungen machen)
Die Äpfel fallen, rot und fein,
(das Herunterfallen mit den Finger andeuten)
die Kinder sammeln alle ein.
(mit der rechten Hand die Fingerspitzen der linken umschließen)

Fünf Finger
Fünf Finger sitzen dicht an dicht, sie wärmen sich und frieren nicht. Der erste sagt: »Auf Wiedersehen«, der zweite sagt: »Ich will jetzt gehen«, der dritte hält's auch nicht mehr aus, der vierte geht zur Tür hinaus. Der fünfte ruft: »Hey ihr, ich frier!« Da wärmen ihn die anderen vier.

Aktionstipp Regen, Schnee und Frost

Im Wald ist es immer spannender, wenn es regnet.
Lucca, 5 Jahre

Selbstverständlich können wir mit den Kindern auch bei Regen, Schnee oder Frost an unseren Naturplatz gehen. Alles ist bekanntlich eine Frage der Kleidung (↗ Wetter. Kleider. Leute).

Bei Regen finden wir dort viele Tiere: Regenwürmer, Schnecken mit und ohne Haus, Frösche, Asseln, Tausendfüßler. Pfützen laden zum Platschen und Hineinhüpfen ein. Wenn sie nicht allzu tief sind und es nicht zu kalt ist, können die Kindern sie mit allen ihren Sinnen erforschen.

Blätter, die in den Pfützen schwimmen, können wir mit Stöckchen bewegen, und in den Rinnsalen, die sich manchmal zwischen den Pfützen bilden, kann man wunderbar herumstochern. Natürlich können wir ein wenig nachhelfen und die Rinnsale verlängern. Was passiert, wenn ich Stöckchen in die Pfütze lege? Ist das mein Spiegelbild in der Pfütze?

Regentage gehören mit zu den schönsten, wenn wir draußen unterwegs sind. Da lässt sich viel entdecken und erforschen: Ist das Wasser trüb oder klar? Wie riecht die Pfütze – modrig oder frisch? Wie fühlt sich Matsch an? Wir geben den Kindern kleine Eimer, damit sie das Wasser und alles, was darin schwimmt, umfüllen. Und mit ökologisch unbedenklichen Pigmenten (↗Anhang) färben wir Pfützen sogar bunt!

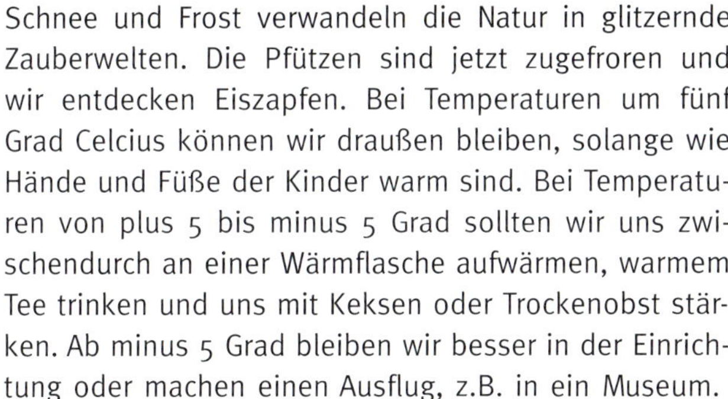

Schnee und Frost verwandeln die Natur in glitzernde Zauberwelten. Die Pfützen sind jetzt zugefroren und wir entdecken Eiszapfen. Bei Temperaturen um fünf Grad Celcius können wir draußen bleiben, solange wie Hände und Füße der Kinder warm sind. Bei Temperaturen von plus 5 bis minus 5 Grad sollten wir uns zwischendurch an einer Wärmflasche aufwärmen, warmem Tee trinken und uns mit Keksen oder Trockenobst stärken. Ab minus 5 Grad bleiben wir besser in der Einrichtung oder machen einen Ausflug, z.B. in ein Museum.

Aktionstipp »Viele weiße Flöckchen ...«

Viele weiße Flöckchen, schlafen tief und fest
(klatsch klatsch)
Schlafen tief und fest
(klatsch klatsch)
In der weichen Wolke, wie in einem Nest
In der weichen Wolke, wie in einem Nest
Kommt der Wind der wilde, weckt sie mit Gebraus
(hu hu)
Weckt sie mit Gebraus
(hu hu)
Tanzen viele Flöckchen über unserem Haus
Tanzen viele Flöckchen über unserem Haus
Tanzen überm Kirchturm, tanzen überm Feld
(klatsch klatsch)
Tanzen überm Feld
(klatsch klatsch)
Setzen müd' sich nieder, weiß ist nun die Welt
Setzen müd' sich nieder, weiß ist nun die Welt

Dieses Lied mit der Melodie von »Alle meine Entchen« können wir singen und klatschen oder uns Tänze und Bewegungsspiele dazu ausdenken.

Anhang

Regeln

Einige Regeln müssen die Kindern verinnerlichen. Davon ausgehend, dass es eine Zeit braucht, bis sie die Regeln verstanden haben, wiederholen wir sie hin und wieder. Die drei wichtigsten Regeln, die immer und für alle gelten sind:

- Wir essen nichts vom Boden!
- Ohne Zustimmung der BetreuerInnen werden keine Pflanzen gegessen! (↗Anhang: Pflanzen)
- Wir fassen keine Pilze und tote Tiere an!
- Mit Stöcken in der Hand rennen wir nicht und wir halten niemandem einen Stock ins Gesicht!

Neben den Gefahren, die wir durch diese Absprache mit den Kindern – und durch unsere Aufmerksamkeit – im Vorfeld ausräumen können, gibt es weitere, auf die wir ein waches Auge haben müssen.

Gefahren

Viele Gefahren können wir ausschließen, indem wir sie vermeiden. Zum Beispiel halten wir uns nicht in durch Windbruch gefährdeten Wäldern auf, wie auch in unübersichtlichem Gelände, an ungesicherten oder zugefrorenen Gewässern oder in der Nähe von Wespen-, Bienen- und Hornissennestern.

Befürchtungen sollten aber nicht zur Folge haben, dass die Einrichtung nicht verlassen wird. Dafür gibt es zu viel Spannendes draußen zu erleben, und wenn wir darauf vorbereitet sind – worauf im Folgenden eingegangen wird –, kann auch nichts wirklich Gefährliches passieren.

Zecken

Der gemeine Holzbock (Ixodes ricinus) ist die bei uns am meisten verbreitete Zeckenart und ein gefährlicher Krankheitsüberträger. Bevorzugte Lebensräume von Zecken sind Waldränder, Lichtungen, Unterholz und feuchte Auwälder. Sie lassen sich nicht von Bäumen herunterfallen, wie häufig angenommen, sondern krabbeln auf Gräsern oder in Gebüschen bis auf eine Höhe von 1,5 m und warten dort auf einen Wirt. Körpertemperatur und Schweiß ziehen sie an. Man unterscheidet zwischen Larven, Nymphen und Zecken. Zecken ernähren sich von Blut. Ihr Stich bleibt durch den betäubenden Speichel oft unbemerkt.

Zecken übertragen Borreliose (bakteriell) und Frühsommer-Meningoenzephalitis (viral). Das Forst- oder Gesundheitsamt kann darüber Auskunft geben, ob die Kita oder der favorisierte Naturraum in einem Gebiet liegt, in dem mit Zecken zu rechnen ist. Nach den Aufenthalten im Wald suchen wir die Kinder und auch uns selbst nach Zecken ab. Ein Tipp: Zecken können eingeschickt und im

Labor auf Erkrankungen untersucht werden. Es macht Sinn, sich vorab nach den Kosten zu erkundigen.

Der kleine Fuchsbandwurm

Der Fuchsbandwurm ist ein gefährlicher Parasit. Obwohl der Mensch nicht sein bevorzugter Wirt ist, halten wir gewisse Vorsichtsmaßnahmen ein: Vor dem Essen Hände waschen, nichts aus der Natur in den Mund nehmen, Beeren nicht roh, sondern nur nach Erhitzung über 60 Grad (als Marmelade, Fruchtmus, Suppe, Punsch) essen. Informieren sollten wir uns auch über Tollwut, das Hantavirus und den Eichenprozessionsspinner.

Aktuelle Informationen zu Zecken, Fuchsbandwurm und den Gefahren, die von diesen und anderen Tieren ausgehen können, gibt es bei den zuständigen Forstbehörden und den Gesundheitsämtern.

Hinsichtlich möglicher Insektenstiche klären wir ab, ob Kinder allergisch auf Bienen- oder Wespengift reagieren.

Pflanzen

Wenn wir uns für einen Natur- oder Waldplatz entschieden haben, prüfen wir ihn im Verlauf eines gesamten Jahres auf giftige Pflanzen anhand eines guten Bestimmungsbuches – z.B. mit »Was blüht denn da?« von Doris Grappendorf oder der App »Naturblick«. Sollten wir zu viele giftige Planzen finden, wechseln wir den Ort.

Wie bereits zu Beginn dieses Kapitels erwähnt, vereinbaren wir mit den Kindern, dass sie keine Pflanzen essen. Wir raten davon ab, gemeinsam mit den Kindern Pflanzen in Wäldern oder Parkanlagen zu ernten und zum Verzehr zu verarbeiten. Wer sich für Wildpflanzen und -kräuter interessiert, dem legen wir – bevor man selbst zu experimentieren beginnt – die Teilnahme an einem Kräuterspaziergang in der jeweiligen Region ans Herz. Solche Spaziergänge werden mittlerweile überall von kundigen KräuterexpertInnen angeboten.

Es ist notwendig, immer wieder mit den Kindern über giftige Pflanzen zu sprechen. Insbesondere einige Beeren sehen verlockend aus – z.B. vom Maiglöckchen –, können aber für den kindlichen Organismus verheerende Folgen haben.

Bei aller notwendigen Vorsicht: Die meisten Vergiftungsunfälle geschehen in Haus und Garten und nicht im Wald!

Mit diesen giftigen Pflanzen sollten wir vertraut sein und den Kontakt meiden:

- Aaron-Stab (ätzend)
- Einbeere (schwach giftig)
- Salomonssiegel (giftig), Verwechslungsgefahr mit Bärlauch
- Maiglöckchen (giftig), Verwechslungsgefahr mit Bärlauch
- Eibe (hochgiftig)
- Fingerhut (giftig)
- Herbstzeitlose (tödlich giftig), Verwechslungsgefahr mit Bärlauch
- Eisenhut (tödlich giftig)
- Wiesen-Bärenklau (phototoxisch, kann Hautreizungen verursachen)
- Herkulesstaude (giftig und stark phototoxisch)

Sollte entgegen aller Vorsichtsmaßnahmen ein Kind mit giftigen Pflanzen in Berührung gekommen sein, rufen wir sofort den Notarzt und heben ein Pflanzenteil davon auf, damit der behandelnde Arzt exakt bestimmen kann, um welche Pflanze es sich handelt.

Bei Pflanzen, mit denen Kinder schadlos in Berührung kommen können, z.B. dem Löwenzahn, entscheiden wir nach unserem Ermessen, ob die Kinder damit spielen dürfen.

Pilze

Von Pilzen sind Kinder immer fasziniert. Weil einige von ihnen jedoch sehr giftig sind, vereinbaren wir, dass Pilze weder gepflückt und schon gar nicht gegessen werden dürfen.

Worauf wir auch achten

Wetter

Von der Witterung können Gefahren ausgehen. Bei Sturm bzw. einer Sturmwarnung gehen wir nicht in den Wald, denn die Gefahr von abbrechenden Ästen ist zu groß. Dasselbe gilt für Gewitter bzw. eine Gewitterwarnung. Deshalb prüfen wir vor den Ausflügen den Wetterbericht. Sollten wir dennoch von einem Sturm oder einem Gewitter überrascht werden, suchen wir Schutz, z.B. bei einem Unterstand. Nach Stürmen, Gewitter oder Hagel prüfen wir Weg und Waldplatz auf Äste, die noch von den Bäumen herabfallen können. Durch die trockenen Sommer sollten wir auch immer die mögliche Gefahr von Waldbränden berücksichtigen.

Feuer

Feuer fasziniert auch schon die Jüngsten. Dennoch raten wir davon ab, mit ihnen ein Lagerfeuer zu machen. Es müssen sehr viele Sicherheitsvorschriften beachtet werden und jedes Feuer in der Natur – und im Wald ganz besonders – birgt das Risiko eines Brandes durch Funkenflug.

Hinterlassenschaften anderer

Unrat entdecken wir leider immer wieder. Auf dem Weg zu unserem Platz achten wir auf Scherben, Spritzen, Kondome oder sonstige menschliche und tierische Hinterlassenschaften. Diese sammeln wir gegebenenfalls mit Einweghandschuhen in kleinen verschließbaren Tüten und entsorgen sie in der Einrichtung.

Hunde

Wir bitten HundehalterInnen, ihre Hunde an die Leine zu nehmen und sie festzuhalten, bis die Kinder vorbeigelaufen sind. Nur wenn wir im Umgang mit Hunden vertraut sind und ein gutes Gefühl haben, und am besten auch den oder die HundehalterIn kennen, erlauben wir den Kindern, Hunde zu streicheln.

Literatur, Netztipps, Fortbildungen

Literatur für Erwachsene

Blinkert, Baldo (1993): Aktionsräume von Kindern in der Stadt. Pfaffenweiler

Brooke, Elisabeth (1997): Von Salbei, Klee und Löwenzahn. Freiburg im Breisgau

Cornell, Joseph (1999): Mit Kindern die Natur erleben. Mülheim an der Ruhr

Danks, Fiona; Schofield, Jo (2014): Wilde Stadt. Aarau, München

Dreier, Annette (1993): Was tut der Wind, wenn er nicht weht? Berlin

Fischer-Rizzi, Susanne (2016): Mit der Wildnis verbunden. Stuttgart

Gebhard, Ulrich (2013): Kind und Natur. Wiesbaden

Huppertz, Norbert (2004): Handbuch Waldkindergarten. Oberried

Joller, Kari (2008): Naturerfahrung mit allen Sinnen. Baden, München

Lange, Udo; Stadelmann, Thomas (2007): Am Anfang war das Feuer. verlag das netz

Louv, Richard (2011): Das letzte Kind im Wald? Weinheim, Basel

Miklitz, Ingrid: Draußenkinder, Fachzeitschrift für Elementarpädagogik im Naturraum. Schwäbisch Hall

Miklitz, Ingrid (2011): Der Waldkindergarten. Berlin

Renz-Polster, Herbert; Hüther, Gerald (2013): Wie Kinder heute wachsen. Weinheim, Basel

Rosa, Hartmut (2005): Beschleunigung. Frankfurt a.M.

Weber, Andreas (2012): Mehr Matsch. Berlin

Literatur für und mit Kindern

E.K.P. (Eltern-Kind-Programm): Erlebnisraum Wald (2001), Den Herbst erleben (1993), Unsere Lieder I (1992) und II (2013), Winterfreuden (1993), Dem Frühling auf der Spur (1992). Stockdorf

Frommherz, Andrea; Biedermann, Edith (2003): Kinderwerkstatt Bäume. Aarau, München

Hughes, Emily (2015): Wild. Frankfurt am Main

Lotz, Susanne (2017): Das Lied vom Troll und andere Kinderlieder (Musik-CD)

Rodriguez, Beatrice (2008): Der Hühnerdieb. Wuppertal

Literatur und App über die Natur

Bühring, Ursel (1996): Kleine grüne Wunder. Freiburg i.Br.

Dreyer, Eva-Maria (2011): Essbare Wildkräuter und ihre giftigen Doppelgänger. Stuttgart

Gerhard, Ewald (2018): Der große BLV Pilzführer für unterwegs. München

Grappendorf, Doris (2017): Was blüht denn da? Das Herbarium. Stuttgart

Hecker, Frank (2019): Der Kosmos Tier- und Pflanzenführer. Stuttgart

www.naturblick.de ist eine App zum kostenfreien Download (sie hilft sehr gut bei der Bestimmung von Pflanzen und Tieren)

Netztipps

www.anu.de
www.bmelv.de (mit sehr guten Broschüren)
www.dguv.de (dort insb. die Broschüre »Naturnahe Spielräume«)
www.ekp.de
www.forstbw.de
www.kremer-pigmente.de (für den Bezug umweltverträglicher Pigmente)
www.kvjs.de (dort insb. die Broschüre »Der Naturkindergarten«)
www.nabu.de
www.waldkindergartenlandesverband.de
www.waldkinder.net

Fortbildungen

www.waldwerkstatt-freiburg.de
www.bagage.de
www.naturschule-freiburg.de

Die Autorinnen

Kennengelernt haben sich die drei Autorinnen Brigitta Blinkert, Jana Seidel-Burger und Kerstin Lange im Wald. Jana und Kerstin waren mit einer Gruppe des Freiburger Vereins »Waldkinder« unterwegs und Brigitta mit einer Gruppe ihres damaligen Kindergartens. Der Begegnung folgten weitere Treffen, und schon bald gelang es Brigitta, Jana – eine großartige Fotografin mit viel Gefühl, den »Zauber im Wald« einzufangen – und Kerstin – die jede Menge Praxiserfahrung mit U3-Kindern im Wald hat – für die Kooperation und Umsetzung von »Natürlich draußen« zu begeistern. Ihre Sichtweisen und Erfahrungen und nicht zuletzt das Bildmaterial vereinen sich zu einer kongenialen Ermutigung für die Arbeit mit Kindern – auch den Jüngsten – im Naturraum.

Brigitta Blinkert ist Pädagogin, Fortbildnerin, Autorin und Fachberaterin für Kindertageseinrichtungen. Als Natur- und Draußenpädagogin bietet sie Seminare, Workshops und Beratungen in und mit der Natur an. Unterwegs ist sie mit ihrer Waldwerkstatt-Freiburg. Zwei Jahrzehnte lang arbeitete sie in verschiedenen pädagogischen Einrichtungen als Leitung und Erzieherin.

info@waldwerkstatt-freiburg.de
www.waldwerkstatt-freiburg.de

Kerstin Lange ist Diplom-Sozialpädagogin und ausgebildete Atelier- und Werkstattpädagogin. Sie arbeitet seit vielen Jahren als pädagogische Fachkraft bei den Waldkindern e.V. Freiburg und hat die Einrichtung wesentlich mit aufgebaut und gestaltet.

Jana Seidel-Burger ist Diplom-Forstwirtin und ausgebildete Atelier- und Werkstattpädagogin. Sie arbeitet seit vielen Jahren als Naturpädagogin bei den Waldkindern e.V. Freiburg und leitet Kunstkurse mit dem Schwerpunkt Naturmaterialien.